LIBERTÉ DE LA PRESSE.

PROCÈS

DE

M. BERTIN AINÉ,

gérant responsable

DU JOURNAL DES DÉBATS,

ACCUSÉ

D'OFFENSE A LA PERSONNE DU ROI

ET D'ATTAQUE CONTRE SON AUTORITÉ CONSTITUTIONNELLE,

CONTENANT

LE RÉQUISITOIRE DE M. LEVAVASSEUR,

LE PLAIDOYER DE M. DUPIN

ET LE JUGEMENT.

(Extrait de la *Gazette des Tribunaux* du 27 août 1829.)

POLICE CORRECTIONNELLE DE PARIS (6e chamb.)

(Présidence de M. Meslin.)

Audience du 26 août.

Ainsi qu'on doit le présumer, l'affluence était immense. L'empressement du public a même failli quelques instans avoir de fâcheux résultats. Une foule d'avocats et de curieux se pressait dès le matin à la première porte du Tribunal. A dix heures et demie, lorsque les portes ont été ouvertes, les arrivans ont trouvé l'audience presque entièrement remplie. La masse des avocats, placés à la première porte, violemment poussée par les autres spectateurs, devant lesquels on venait d'ouvrir la seconde, a refoulé ceux admis dans l'enceinte. Des cris partis de la foule, et arrachés par la douleur et la crainte, ont effrayé quelques dames placées dans le parquet sur des siéges.

Lorsque le Tribunal est entré en séance, les cris *place au barreau* ont retenti avec force. « Le barreau, a dit M. » le président, n'a pas ici de places privilégiées; le banc » qui lui est destiné se trouve occupé par des avocats. » (Le bruit continue). Huissier, faites faire silence. Allez » dans l'auditoire; s'il y a des perturbateurs, saisissez-les, » et si on vous résiste, ayez recours à la force armée. »

Ces exhortations sont inutiles. Les cris redoublent; les portes violemment poussées par les curieux du dehors, et par ceux qui, trop pressés dans l'intérieur, veulent rétrograder, sont tour à tour ouvertes et fermées; les efforts des gendarmes deviennent impuissans. Le Tribunal est obligé de suspendre momentanément l'audience et de se retirer.

Alors un renfort de gendarmes entre dans la salle, et l'ordre se rétablit peu à peu.

On remarque sur un siége placé à la droite des magistrats, M. le duc de Chartres. On aperçoit aussi dans l'auditoire MM. Charles Dupin, Bertin de Vaux, Méchin, députés; Guizot, Cousin et Villemain.

A la dernière audience, M. Bertin l'aîné, gérant, rédacteur en chef du *Journal des Débats*, a déclaré qu'il assumait sur lui seul la responsabilité de l'article incriminé. « J'ai revu cet article, a-t-il dit; je l'avais demandé au rédacteur; j'ai changé des mots; j'ai fait des suppressions. Il est, d'ailleurs, convenu entre mes collaborateurs et moi que seul j'encourrai la responsabilité des articles insérés dans le *Journal des Débats*. »

M. Béquet, interrogé, déclare qu'en effet son article a subi plusieurs changemens, mais que cet article a été néanmoins l'expression libre de sa pensée.

M. l'avocat du Roi : Quels sont les changemens qui y ont été faits?

Me Dupin aîné : C'est là le secret de la rédaction.

M. Béquet: Je ne me crois pas obligé de le déclarer au Tribunal.

M. Bertin l'aîné : Je n'ai pas à m'expliquer à cet égard; je ne réponds que de ce qui a été livré au public.

M. le président n'insiste pas sur cette question.

La parole est donnée à M. Levavasseur, avocat du Roi, pour soutenir la prévention.

« Messieurs, dit-il, la cause qui va vous occuper est un triste exemple des progrès que fait parmi nous la licence de la presse. Jusqu'ici, en attaquant avec une violence trop souvent excessive les dépositaires du pouvoir royal, les journaux avaient paru cependant respecter la personne du Roi. Ils reconnaissaient que, placée dans une sphère supérieure à celle où s'agitent les passions des autres hommes, elle devait y être aussi inaccessible à leurs accusations, et que si la reconnaissance publique devait lui rapporter tout le bien opéré par sa salutaire influence, rien de mal ne pouvait jamais lui être reproché. Que ces protestations fussent sincères, on put par fois en douter; mais du moins on y voyait toujours un hommage rendu à l'ordre et aux convenances; ou, si quelquefois des attaques étaient dirigées contre la majesté suprême, leurs auteurs prenaient le soin d'en cacher l'insolence sous des voiles allégoriques, que votre sagacité savait bien déchirer, mais dont la précaution n'en attestait pas moins les ménagemens que l'on croyait devoir encore aux susceptibilités de l'opinion et à la crainte de vos rigueurs.

» Aujourd'hui, Messieurs, il n'en est plus de même... il semble que le temps des précautions et des ménagemens soit passé et que le respect de la royauté ne soit plus de saison. Ce n'est plus seulement aux ministres du prince que l'on s'attaque, c'est au prince lui-même; lui qui ne saurait avoir de juges sur la terre, parce qu'il n'y connaît point d'égaux et encore moins de maîtres, on le traduit au Tribunal de l'opinion; les actes les plus indépendans de la prérogative souveraine, deviennent l'objet des plus amères censures, et l'on ne craint pas de faire entendre qu'entre son peuple et lui il n'existe plus d'autre lien que celui de la crainte, puisque ceux de la confiance et de l'amour sont brisés.

» Vous savez, Messieurs, quelles circonstances ont amené ces désordres. Le Roi, dans sa sagesse, croit devoir changer son ministère; il appelle autour de lui des hommes dont le dévoûment et la fidélité lui sont connus... »

(Ici des murmures spontanés s'élèvent dans l'auditoire et interrompent M. l'avocat du Roi qui se retourne vers le public et s'arrête.)

M. le président: J'invite l'auditoire au silence. Le moindre acte d'approbation ou d'improbation forcerait le Tribunal à prendre les mesures les plus énergiques. (Le calme se rétablit.)

M. Levavasseur, répétant la phrase : « Le Roi appelle autour de lui des hommes dont il connaît le dévouement et la fidélité. Aussitôt des réclamations se font entendre; les plus sinistres prédictions sont faites; des outrages de toute espèce sont, de toutes parts, dirigés contre les nouveaux ministres. En présence de ce débordement, le ministère public s'est tu. Peut-être on a pu s'en étonner; car, enfin, il est des hommes qui n'ont pu encore se persuader que, dès que la confiance du Roi a daigné s'abaisser jusqu'à l'un de ses sujets, celui-ci s'est par cela même aussitôt placé hors de la loi générale; que la protection que le trône accorde au plus obscur citoyen est refusée à ceux qui sont admis à l'honneur de l'approcher; que la diffamation et l'injure deviennent tout à coup à leur égard des armes légitimes; que du jour où ils montent sur les marches du trône, on peut impunément les traiter comme des méchans, comme des infâmes; et qu'enfin, pour rendre le pouvoir plus utile, il faille commencer par l'avilir entre leurs mains.

» Toutefois, Messieurs, et quelle que soit à cet égard notre opinion personnelle, nous le répétons encore, tant qu'il ne s'est agi que d'attaques dirigées contre des ministres nouveaux, le ministère public s'est tu; mais dès que nous avons vu ces attaques dirigées contre le monarque lui-même; quand nous avons vu ses droits méconnus, sa prérogative compro mise, oh, alors nous avons dû rompre le silence, et nous sommes venus vous demander la réparation éclatante d'un scandale nouveau.

» Ce scandale, c'est le numéro du *Journal des Débats* du 10 août dernier qui l'a donné à la France.

« Ainsi, dit le rédacteur, le voilà encore une fois brisé,

» ce lien d'amour et de confiance qui unissait le peuple » au monarque... »

» Arrêtons-nous ici, Messieurs; deux interprétations se présentent naturellement à l'esprit. Elles sont l'une et l'autre odieuses, offensantes pour la personne sacrée du Roi. *Le lien d'amour et de confiance est brisé!* Qu'est-ce à dire? Ou le Roi n'aime plus son peuple et a perdu la confiance de ses sujets, ou le peuple n'aime plus son Roi et n'a plus de confiance en lui. Qu'on choisisse : nous le répétons, l'une et l'autre de ces deux suppositions sont offensantes pour la personne du Roi.

» Et d'abord, dira-t-on, le Roi n'aime plus son peuple! Quelle supposition! Hâtons-nous de la repousser de toute l'énergie de notre conscience.... Le Roi n'aime plus son peuple! Grand Dieu! peut-on le croire? Quel changement se serait donc tout à coup opéré dans son cœur jusqu'à présent si paternel et si tendre? Eh quoi! ce Roi si débonnaire, ce Roi sans cesse occupé du bonheur de ses sujets, ce Roi qui, dans l'exil, pleurait bien plus les maux de la patrie opprimée que la perte du trône; qui savait encore s'enorgueillir des triomphes qui retardaient son retour, il est donc tout à coup devenu un tyran ombrageux et farouche!

» Mais, vous qui le dites, répondez, qu'a-t-il fait pour mériter une accusation semblable? Son sceptre, jusqu'à présent si doux, s'est-il appesanti sur nos fronts comme celui sous lequel se courbaient complaisamment naguères tant de courages aujourd'hui si fiers? A-t-on vu les cachots se remplir de ses victimes? Sa violence a-t-elle étouffé leurs plaintes; et si des paroles de haine et de vengeance sont sorties de quelques bouches, je vous le demande, est-ce de la sienne?

» Il y a quelques jours encore, ne l'avez-vous pas vu, à l'occasion d'une des plus graves solennités de la religion, se présenter sans défiance au milieu de ce même peuple que vous supposez qu'il craint aujourd'hui? Son front était-il moins calme, son regard moins serein; sa garde était-elle moins nombreuse? (On rit. *Quelques voix :* Plus nombreuse!) Non, mille fois non! Il n'y avait rien qui, de sa part, indiquât la crainte ou le soupçon.

» Disons le donc, Messieurs, ces assertions, si c'est dans ce sens qu'il faut les entendre, sont odieuses. Repoussons-les avec indignation. Mais ce n'est pas assez, il faut montrer encore qu'elles sont offensantes pour la personne sacrée du Roi, et qu'elles contiennent en elles-mêmes un véritable délit.

» Faudra-t-il faire de vains efforts pour établir ce délit? L'amour des peuples n'est-il pas le plus bel attribut de la royauté? Son plus magnifique caractère n'est-il pas la vertu d'un bon Roi? L'imputation d'un sentiment contraire n'est-elle pas

Aux plus cruels tyrans la plus cruelle injure.

» Eh bien! Messieurs, ces imputations changeront-elles de caractère lorsqu'elles seront adressées au successeur de Louis XII, de Henri IV et du Roi martyr? »

M. l'avocat du Roi, invoquant ici l'autorité des précédens, rappelle la condamnation de l'ouvrage de Rabaud Saint-Etienne. Il arrive ensuite à la discussion de la seconde interprétation donnée par lui à l'article.

« *Le peuple n'aime plus son Roi!* De quel droit venez-vous ici vous faire l'interprète des sentimens publics? De quel droit venez-vous ici nous parler de répugnances que vous pouvez malheureusement éprouver, mais qu'apparemment personne ne vous a chargé d'exprimer? *Le peuple n'aime plus son Roi!* A qui donc faudrait-il l'attribuer, si ce n'est à ces déclamations journalières par lesquelles on cherche à dénaturer ses sentimens et à renier ses intentions!

» *Le peuple n'aime plus son Roi!* S'il en est ainsi, vous, vieux amis de la monarchie (et vous le fûtes), votre devoir était de faire tous vos efforts pour ranimer ce sentiment éteint, pour le rallumer avec toute son énergie. Nous protestons donc hautement contre l'article incriminé. Voyez cet article; il contient des menaces contre le Roi; il semble lui prédire que dans le cas où il parcourrait ses provinces, il ne trouverait sur son passage que des cœurs affligés. Qu'un tel tableau est loin de la vérité! Qu'il parte, ce monarque adoré, qu'il quitte son palais, qu'il aille de nouveau visiter ses provinces, et, comme autrefois il verra partout les cœurs voler à son passage. Partout les pauvres, dont il sait découvrir et soulager les plus secrètes infortunes, le combleront de leurs bénédictions; les lettres et les arts, auxquels il prodigue de si nobles encouragemens, se réuniront pour célébrer sa gloire; la religion, dont il pratique avec tant de zèle les sublimes préceptes, fera retentir à son approche ses cantiques d'alégresse, et ses peuples, enfin, qu'il fait vivre dans les douceurs d'une liberté si grande et d'une paix si profonde, lui prodigueront à l'envi les marques de leur reconnaissance et de leur amour.

» Je rappellerai ici un précédent dont les prévenus ne refuseront pas sans doute l'autorité. Un membre de la chambre élective (M. Syrieys de Mayrinhac) crut devoir parler des ennemis du Roi : vous vous rappelez quelle indignation se manifesta dans l'assemblée, et surtout dans cette portion où l'on ne niera pas que se trouvent de nombreux défenseurs des libertés publiques. L'orateur fut rappelé à l'ordre. Eh bien! ce que ne put dire un député à la tribune nationale, un journaliste pourra-t-il le dire dans sa feuille? Et remarquez ici quelle est la différence : l'orateur ne parlait que de quelques ennemis du Roi, et l'auteur de l'article parle de la France entière; c'est à la France entière qu'il prête des sentimens d'indifférence, si ce n'est de haine, pour le prince. L'attaque du député fut réprimée; celle du journaliste le sera également.

« Voilà encore une fois (continue l'auteur de l'article incriminé), » la Cour avec ses vieilles rancunes, l'émigration avec ses préjugés, » le sacerdoce avec sa haine de la liberté, qui viennent se jeter entre la » France et son Roi. Ce qu'elle a conquis par 40 ans de travaux et de » malheurs, on le lui ôte; ce qu'elle repousse de toute la puissance de » sa volonté, de toute l'énergie de ses vœux, on le lui impose violem- » ment. »

» Faisons ici quelques réflexions, reprend M. l'avocat du Roi. De quelles conquêtes veut-on parler? Apparemment ce n'est pas de celles des armes françaises : celles-là, ce n'est pas le Roi qui les a enlevées à la France. C'est donc de nos institutions qu'il s'agit. Or, nous devons le proclamer, la France n'a rien conquis : c'est le Roi qui a tout donné, dans la plénitude et la liberté de son pouvoir souverain. Il y aurait ingratitude à présenter les institutions qui nous régissent comme des concessions arrachées à la faiblese d'un pouvoir vaincu.

» On parle de violences; mais où donc est la violence? qui donc est sorti de la ligne constitutionnelle? Nous vous le demandons, et nous vous défions de repondre. Vous-mêmes vous vous êtes chargés de vous réfuter; vous avez reconnu que la violence était impossible, que *les baïonnettes aujourd'hui sont intelligentes, qu'elles connaissent et respectent la loi.*

» Mais, dira-t-on peut-être, ce n'est pas du Roi qu'il est question, ce n'est pas contre lui que nous nous élevons... Nos attaques sont dirigées contre *la cour avec ses vieilles rancunes, l'émigration avec ses préjugés, le sacerdoce avec sa haine pour la liberté.* Messieurs, ce sont là des mots qui, avec le gouvernement constitutionnel, ne peuvent avoir aucune force en France. Nous ne reconnaissons plus ces choses; il n'y a plus de cour, il n'y a plus d'émigration, et le sacerdoce est soumis aux lois. Il n'y a plus d'autre pouvoir que celui du Roi, et la nomination des ministres est un acte de sa souveraine puissance : c'est donc ce droit qui est attaqué. La suite de l'article le prouve.

« Et quels conseils perfides, ajoute l'auteur, ont pu égarer ainsi la » sagesse de Charles X et le jeter, à cet âge où le repos autour de soi » est la première condition de bonheur, dans une nouvelle carrière de » discordes. Et pourquoi? qu'avons-nous fait pour que notre Roi se » sépare ainsi de nous? »

» Nous le répétons, c'est là attaquer l'autorité constitutionnelle du Roi. »

M. l'avocat du Roi s'étonne ici de la violence des accusations portées contre des hommes dont on ne connaît pas encore les actes. « Mais, ajoute-il, on prétend que les craintes sont suffisamment justifiées par les antécédens de ces ministres. Vous entendez bien, Messieurs, qu'il ne nous appartient pas d'entrer sur ce point dans une discussion détaillée. Qu'il nous suffise de remettre sous vos yeux la phrase suivante de l'article :

« Ceux qui gouvernent maintenant les affaires voudraient être mo- » dérés qu'ils ne le pourraient. Les haines que leurs noms réveillent » dans tous les esprits sont trop profondes pour n'être pas rendues. »

» Ainsi une haine profonde, voilà le sentiment dont vos cœurs sont remplis. Nous ne voulons pas en entendre davantage; la haine est aveugle encore plus que l'amitié : on se méfie toujours des accusations d'un ennemi. Vous haïssez : il suffit; nous ne voulons pas vous croire; vous n'avez pas, sans doute, obtenu cet extraordinaire privilége de conserver à la fois votre impartialité et votre haine. Les antécédens que vous rappelez sont, dites-vous, funestes. Mais prenez garde, vous oubliez vos principes de tous les jours; ne dites-vous pas sans cesse qu'il faut jeter un voile sur le passé, oublier les fautes commises, ne plus voir que les personnes? Voilà donc l'application que vous faites de ces principes! vous les oubliez quand il ne s'agit pas des vôtres.

» Au surplus, vous parlez des antécédens du ministère : qui vous a dit qu'il devait être fidèle à ses antécédens? Est-il donc si nouveau de voir changer de principes en même temps que d'intérêts? Ne voit-on pas des gens adorer aujourd'hui ce qu'ils méprisaient hier, fouler aujourd'hui aux pieds l'objet de leur adoration passée?... Ces gens-là, tout le monde les connaît, chacun les nomme : le *Journal des Débats* serait le seul qui ne les connaîtrait pas! ».

M. l'avocat du Roi oppose ici la doctrine du *Journal des Débats* de 1822 à celle que professe le même journal en 1829; puis il termine ainsi :

« Nous avons rempli notre tâche; c'est à vous maintenant à remplir la vôtre; et certes nous n'avons pas besoin de vous en rappeler l'importance. Il s'agit de décider des plus précieux intérêts de l'Etat, de raffermir les bases de notre société; il s'agit de décider si la monarchie n'est plus parmi nous qu'une théorie vague et sans réalité; si le prince en qui nos pères voyaient le représentant de Dieu et le père de la patrie, le prince de qui émanait toute grâce et toute justice, qui donnait à tout autour de lui le mouvement et la vie, n'est plus qu'un roi de théâtre, sans pouvoir et sans force, son trône qu'une représentation vaine, et son sceptre qu'un fragile roseau; si, après avoir noblement sacrifié une partie si grande de ses droits souverains, il ne pourra pas du moins exercer librement ceux qu'il s'est réservés; s'il aura besoin, pour choisir les dépositaires de son autorité, d'obtenir avant tout, non pas l'approbation de ses peuples, mais celle de quelques journaux; s'il sera si peu le maître de sa confiance, qu'il ne pourra la donner sans craindre de se voir, *de par le Journal des Débats*, déclaré déchu de ses droits à l'amour des Français, et si enfin nous sommes arrivés déjà à cet état d'anarchie que naguère un ministre, dont cette feuille même contient le magnifique éloge, signalait avec effroi du haut de la tribune... Voilà, Messieurs, les questions dont la solution dépend de l'issue de ce procès : c'est dire assez qu'elle ne saurait nous paraître douteuse. »

M. l'avocat du Roi termine en concluant contre M.

Bertin, à l'application des peines portées par la loi, et en s'en rapportant, quant à M. Béquet, à la prudence du Tribunal.

Me Dupin aîné, défenseur de M. Bertin, a la parole. (Profond silence.) L'avocat s'exprime en ces termes :

« Messieurs, je viens défendre la liberté de la presse, et non la licence : la licence qui est, selon moi, la plus dangereuse ennemie de la vraie liberté, de même que l'arbitraire est le plus funeste ennemi du pouvoir légitime !

» Tout était calme, Messieurs, à Paris et dans toute la France; une session, assurément peu menaçante pour le pouvoir, venait de s'achever, je dirai presque de s'éteindre : loin d'encourir le reproche d'avoir montré trop d'exigence ou d'exagération, des voix s'élevaient contre la chambre pour lui reprocher ce qu'on appelait injustement sa faiblesse. Elle avait compris qu'elle seule ne pouvait pas faire tout le bien, ni le faire tout de suite, ni tout à la fois : elle comptait sur des améliorations progressives; et, sans s'irriter de s'être vu retirer la plus belle loi, peut-être, dont elle pût doter le pays, confiante dans l'avenir, elle espérait mieux d'une troisième session, et s'en était remise au gouvernement du Roi du soin de préparer lui-même les réformes et les économies qu'elle voulait voir opérer, mais sans entraver aucun service et sans rien brusquer.

» Et c'est lorsque la session a été close au milieu de la tranquillité la plus profonde; quand de premières inquiétudes sur la bonté des récoltes étaient entièrement dissipées; après la séparation des grands corps de l'Etat, le départ de tous; et lorsque chacun, livré chez soi au délassement et au repos, était, pour ainsi dire, plongé dans les douceurs d'un premier sommeil, que la nation s'est sentie réveiller comme en sursaut par des événemens dont la suite nous amène aujourd'hui devant vous.

» La commotion a été forte, elle a été générale, d'autant plus vive, qu'on s'y était moins attendu; c'est un fait qu'on ne peut nier; il a frappé les yeux et les oreilles de tous.

» La joie de quelques-uns a fait le deuil du plus grand nombre; les journaux, fidèles organes de l'opinion, ont rendu les impressions qu'ils ont reçues; les uns, en annonçant avec jubilation que la révolution, c'est-à-dire nos institutions, allait succomber; et les autres, avec une indignation vivement sentie, signalant les hommes de la contre-révolution, comme étant sur le point de la tenter !

» A des choix inquiétans, sont venues se joindre des retraites et des démissions qui ont confirmé toutes les craintes. Pourquoi, s'est-on dit, pourquoi tant d'hommes estimables en possession actuelle de la confiance du Prince et de la patrie, se retireraient-ils du pouvoir et des honneurs; pourquoi déclineraient-ils toute solidarité avec les nouveaux venus, s'ils n'entrevoyaient dans le retour de ceux-ci, dans leurs principes connus, dans leurs antécédens politiques, l'inévitable symptôme d'une administration subversive de l'ordre existant?

» Que tous ces pressentimens aient été bien ou mal fondés, Messieurs, il est de fait qu'ils ont existé : le nier, ce serait nier la clarté du jour. Le mouvement dont les journaux ont rendu compte est vrai : ils ont donc fait leur devoir; car la presse est l'organe de l'opinion. Si le public était dans l'erreur, il fallait le détromper; s'il s'alarmait mal à propos, il fallait le rassurer. Au lieu de cela, on a préféré d'instituer contre la plupart des feuilles périodiques des poursuites judiciaires, afin de leur inculquer par la chose jugée une considération obligée pour les nouveaux ministres actuels.

» S'il faut en croire un journal qui, après avoir servi de précurseur au ministère actuel, entreprend aujourd'hui de régler son action et de faire son apologie; si, comme le soutient la *Gazette* dite *de France*, dans un article intitulé : *Du procès du Journal des Débats*, le ministère n'a prétendu attaquer que les journaux de ce qu'il appelle la *conspiration jacobine et impérialiste*, on doit s'étonner qu'il se soit de prime-abord attaqué au *Journal des Débats;* car il n'est pas de journal qui ait moins mérité ces odieuses qualifications.

» A-t-on donc oublié que, sous l'empire même, ce journal fut traité comme un proscrit; qu'après lui avoir imposé un nouveau titre, le gouvernement, pour s'emparer plus sûrement de la rédaction de cette feuille, n'imagina rien de mieux que de *confisquer la propriété même*, de s'emparer du matériel, de diviser le tout en parts ou actions, et de les distribuer à ses affidés? Il ne suffit pas que le fait soit notoire; je veux vous rappeler les termes même du décret. Le voici :

Décret du 18 *février* 1811. — Considérant que les produits des journaux ou feuilles périodiques ne peuvent être une propriété qu'en conséquence d'une concession faite par nous; (Voilà en trois lignes le gouvernement impérial tout entier !)

Considérant que le *Journal de l'Empire* n'a été accordé par nous à aucun entrepreneur;

Que les entrepreneurs actuels ont fait des bénéfices considérables par suite de la suppression de plus de trente journaux, bénéfices dont ils jouissent depuis un grand nombre d'années, et qui les ont indemnisés bien au-delà de tous les sacrifices qu'ils peuvent avoir faits dans le courant de leur entreprise;

Considérant, d'ailleurs, que non seulement la censure, mais même tous les moyens d'influence sur la rédaction de ce journal, ne doivent appartenir qu'à des hommes connus par leur attachement à notre personne et par leur éloignement à toute correspondance étrangère;

Nous avons décrété et décrétons ce qui suit. (Suivent les dispositions).

» S'il changea de langage alors, continue Me Dupin, ce fut donc malgré lui; mais, dès le 29 mars 1815, c'est-à-dire avant l'abdication, dès que les propriétaires purent ressaisir leurs droits légitimes, le *Journal des Dé-*

bats redevint ce qu'il était dans sa nature d'être, d'après l'esprit dont ses rédacteurs propres étaient animés.

» A la tête des propriétaires et pour la plus forte partie, figure M. Bertin aîné, dont le dévoûment à la dynastie des Bourbons ne pourrait, *sans ingratitude*, être contesté. Sa vie entière dépose de son attachement pour eux ; elle n'a été qu'un combat en faveur de l'ordre contre l'anarchie. Persécuté sous la convention, sous le directoire, sous le consulat, sous l'empire, son nom est immatriculé pour cette cause à la Force, à Sainte-Pélagie, au Temple (neuf mois), sur le rocher de l'Ile-d'Elbe, dans les déserts de Sinamarie. En l'absence de nos princes, il les a défendus par ses écrits ; à leur retour, personne n'a salué la restauration par de plus vives acclamations ; pendant les cent jours, il les a suivis à Gand ; et quand ils n'avaient plus d'états, s'ils eurent encore un journal, c'est-à-dire un organe puissant, capable de publier leurs actes et de faire entendre leur voix, ils en furent redevables à M. Bertin aîné, rédacteur du *Moniteur de Gand*.

» Et voilà l'homme que le ministère, à son début, attaque comme l'un des suppôts de la conspiration dite *jacobine* et *impérialiste*! Un royaliste, dont les cheveux ont blanchi au service de la monarchie, est la première victime désignée par le bras droit de l'extrême droite : *ab uno disce omnes!* (Tous les regards se portent sur M. Bertin aîné qui est placé devant son avocat.)

» Si l'on regarde au fond des choses, on sera encore mieux convaincu de la fausseté de l'attaque. En effet, le *Journal des Débats* a toujours été éminemment un journal religieux, royaliste, et même, on doit le dire, un peu aristocratique, mais entendant la religion, la royauté et l'aristocratie autrement que la faction dont la *Gazette* est aujourd'hui plus que jamais le principal organe.

» Le *Journal des Débats* est religieux, mais il n'est pas ultramontain : il veut la religion dans l'état, mais non au-dessus de l'état ; il désire voir le trône sur l'autel, mais non l'autel sur le trône ; c'est assez dire qu'il est en dissidence avec ces hommes si dévots et si dévoués qui voudraient gouverner la France comme l'Espagne et le Portugal, décimer sa population dans ce qu'elle a de plus généreux, et réduire le reste à l'état de pénitens. Chacun se rappelle encore les articles piquans du spirituel Hoffman, si malheureusement enlevé aux lettres au moment où il venait de reprendre, contre les auteurs de tous nos maux, la polémique que Palcal avait si puissamment commencée.

» Le *Journal des Débats* est royaliste, il est bourbonnien ; nulle part la dynastie n'a été mieux célébrée que dans ses colonnes, soit qu'il y donnât des articles tirés de son propre fonds, soit qu'il les enrichît des extraits de ce brillant écrivain qui avait voué sa plume aux Bourbons, comme jadis les preux vouaient leur épée à leur prince, mais avec plus de succès dans ce siècle, où il s'agissait moins de conquérir un territoire que de rallier l'opinion.

» Le vertueux Billecocq, cet homme si sincèrement religieux, dévoué aux Bourbons, défenseur du marquis de Rivière, était le condisciple et l'ami de ses rédacteurs. Il n'a pas dédaigné de s'associer à leurs travaux, et d'être quelquefois leur collaborateur. S'il vivait, j'en suis sûr, il m'aurait armé d'une consultation en faveur du *Journal des Débats ;* il siégerait en ce moment à côté de moi, pour me soutenir de son amitié et de sa conviction.

» Enfin, j'ai dit que le *Journal des Débats* était un peu aristocratique, en ce sens qu'il s'adressait surtout aux classes élevées dans l'ordre de la civilisation. Il était déjà, personne ne le conteste, dans l'aristocratie du bon goût, par le choix exquis des hommes de lettres attachés à sa rédaction, espèce de nobles en général peu nombreux, car on ne les fait point *à volonté.* (On rit.)

» Ce journal, dans ses maximes de gouvernement, savait aussi distinguer ce qu'on peut appeler aristocratie, même sous un gouvernement représentatif et constitutionnel, si, en reconnaissant tout ce qu'a de respectable une longue transmission d'aïeux illustrés par de grands services rendus au prince et à l'Etat, on n'en fait pas un titre exclusif au privilége, et si l'on tient également compte des services plus récens rendus au pays, et de ces supériorités véritables des grands talens et de la haute industrie qui font la force et la richesse des nations.

» Vous voyez par là si ce journal a mérité d'être rangé parmi les prétendus organes de la conspiration *jacobine.* Quant à l'empire, quoique victime de ses actes, il n'en a pas moins retenu le souvenir d'une gloire qui nous appartient à tous, et qu il a défendue comme entrée dans le domaine national auquel elle est inséparablement unie ; mais il n'en a point adopté les maximes ; il n'en préconise point les doctrines ; il n'est point de ceux qui, craignant d'effaroucher le prejugé impérial comme une puissance à laquelle ils croient devoir déférer encore, ne négligent, malheureusement pour le pays, aucune occasion d'en caresser indistinctement tous les souvenirs. Il n'a pas craint de proclamer en toute occasion, combien ce régime, si glorieux pour nos fastes militaires, avait été fatal à toutes nos libertés, au point qu'aujourd'hui encore, si la marche de nos institutions est entravée (que les amis de la liberté ne l'oublient jamais !) c'est par des décrets impériaux.

» Voilà cependant le journal que l'on a attaqué de préférence et tout le premier ! Eh ! pourquoi? Parce qu'il a trop bien servi la liberté, en lui faisant des amis dans des rangs où d'autres journaux ne pouvaient pas recruter, et qu'il a travaillé avec plus d'efficacité à cette grande alliance qu'il serait bien temps de consolider entre les libertés publiques et la royauté.

» On s'est dit que si ce journal pouvait succomber, les autres seraient plus facilement accablés ! et l'on a voulu faire de sa condamnation le premier anneau de cette lourde chaîne dont le nouveau ministère prétend nous charger.

» Dans ces circonstances, quoiqu'à peine entré dans un repos dont j'avais grand besoin, je n'ai point hésité à revenir au combat : et à cette époque glorieuse pour l'esprit public en France, où l'on voit de grands citoyens refuser des ministères, on ne verra point les avocats refuser *la défense des accusés !* Si je n'avais pu venir, mon second frère eût pris ma place; *uno avulso, non deficit alter.* (Très-vive sensation. Tous les regards se portent sur Me Dupin jeune, placé non loin de son frère.)

» Dans une défense ainsi préparée à la hâte, et pour ainsi dire en poste, j'ai dû compter, Messieurs, sur votre indulgence, sur la bonté de ma cause et l'absence de tout droit dans une accusation que le talent même de M. l'avocat du Roi n'a pu rendre formidable. »

» Cette accusation comprend deux délits : 1° offense envers la personne du Roi; 2° attaque à la dignité du Roi et à son autorité constitutionnelle.

» C'est la couleur donnée à l'accusation ; car toute accusation politique a, en général, une cause vraie et un prétexte. Ici, en réalité, on n'a attaqué que les nouveaux ministres, et, en fidèles serviteurs, ils se rangent derrière la personne du Roi, habiles à se couvrir du manteau royal dont ils connaissent tout le prestige, comme d'autres savent à propos se couvrir du masque de la religion. L'accusation ainsi présentée serait grave ; car elle impliquerait le délit qu'il importe le plus de réprimer.

» Et d'abord offense envers la personne du Roi ! Elle est inviolable et sacrée : le Roi est la clé de l'édifice social, le père de la patrie. S'il pouvait être offensé, si légèrement que ce fût, qui de nous, quelle personne française serait assurée de ne l'être pas ?

» Attaquer son autorité constitutionnelle offrirait non moins de danger. L'intégrité de la prérogative importe à la balance des pouvoirs. Les bornes sont posées pour tout le monde; elles assurent à chacun son héritage : si la prérogative pouvait être attaquée, on infirmerait par-là le droit réciproque de défendre la liberté contre les empiètemens de la couronne.

» Messieurs, le pouvoir royal est cher à la France ! Nous n'avons pas oublié que les temps les plus malheureux de notre histoire sont ceux où ce pouvoir était fractionné entre les mains d'une féodalité ignorante et paresseuse, insolente et oppressive. Et, réciproquement, nos Rois ne peuvent oublier qu'ils ont été défendus contre leurs prélats et leurs barons par le tiers-état dans les états-généraux, par les corps judiciaires et par leurs fidèles communes, toujours prêtes à donner leurs trésors, à verser leur sang, à s'armer pour chasser l'ennemi du territoire, jamais pour y appeler l'étranger.

» Si les deux délits reprochés au *Journal des Débats* m'avaient paru exister, j'aurais laissé à d'autres une défense impossible pour moi. Respect inviolable à la personne du Roi, obéissance à son pouvoir légitime, légalement exercé, défense des intérêts nationaux et des droits de tous, voilà les fondemens immuables de mon opinion et de ma conduite comme avocat, comme député, comme citoyen.

» Cela posé, c'est avec la plus entière confiance que j'aborde l'accusation. Veut-on demander de bonne foi et sans prévention quelle a été l'impression générale de l'article ? On reconnaîtra sans peine qu'il est uniquement dirigé contre les nouveaux ministres, en raison des craintes que font naître leurs antécédens. Il renferme du reste des sentimens affectueux, sincèrement affectueux pour le Roi. On l'aime, on le plaint d'être trompé par de perfides conseils et d'être obsédé par des gens qui lui inspirent de secrètes préventions. On présage avec sincérité, mais avec douleur, les sinistres voies où l'on suppose que la nouvelle administration va s'engager.

» Cependant l'accusation lui prête un sens bien différent. S'emparant de ces premiers mots : *Ainsi le voilà encore une fois brisé ce lien d'amour et de confiance*, et les isolant de tout le reste, le ministère public vous a dit : De deux choses l'une ; ou cela veut dire que le Roi n'aime plus son peuple, ou cela veut dire que le peuple n'aime plus son Roi, et dans ces deux cas il y a également offense à la personne de S. M.

» Je n'accepte pas ce dilemme ; je prouverai que ce n'est point là le sens de l'article. S'il pouvait s'y prêter, même par induction, mes cliens auraient déjà désavoué la plume qui aurait si mal rendu leur pensée !

» Mais avant d'aborder plus directement l'objection, je veux examiner une question de principes. Puisqu'on veut qu'il y ait délit, et qu'on requiert une peine pour offense qu'on veut faire résulter d'un défaut d'amour, il faut donc avant tout chercher une loi d'amour qui ait été violée.

» La fidélité, Messieurs, est un devoir rigoureux, absolu, sans exception. Il comporte obéissance à tout ce qui est légalement ordonné, à peine de félonie. Cette obéissance est due aux bons et aux mauvais princes, *etiam discolis*, aux bons et aux mauvais ministres, quels qu'ils soient. Mais l'amour !... l'amour ne peut se commander : heureux celui qui l'inspire ! Il n'y a que le catéchisme de l'empire qui ait ordonné d'aimer l'empereur Napoléon, *à peine de damnation éternelle*. (On rit.) Cette doctrine ne se trouve que là. La loi commande aux actes et non aux affections ; ce n'est que pour Dieu que Dieu a dit : *Tu aimeras*. Pour le Roi, il est seulement prescrit de l'honorer, *regem honorificate*. L'Ecriture dit : *subjecti estote*, soyez sujets ; elle ne dit pas : Soyez amoureux. (On rit de nouveau.)

» Bossuet a parfaitement rendu cette idée dans un livre bien digne ici de faire autorité, c'est sa *Politique tirée de l'Ecriture-Sainte*, ouvrage entrepris pour l'éducation du Dauphin, et dont il a cru devoir rendre compte au pape Innocent XI, qui attachait sans doute une haute importance à savoir comment le Joad français instruisait le successeur du roi très chrétien.

» Ce livre, du reste, il faut le reconnaître, porte l'empreinte de son génie ; il expose souvent les maximes les plus vraies et les plus généreuses, telles, par exemple, que celle-ci, « que les rois sont faits pour les peuples, et non les peuples pour les rois. » Dans l'article 3, intitulé : *l'Autorité royale est paternelle, et son caractère propre est la bonté*, il fait deux chapitres distincts, l'un pour les princes qui sont faits pour être aimés ; l'autre intitulé : Des princes qui se font haïr par leurs violences, auxquels, néanmoins, on est tenu, dans tous les cas, d'obéir. »

» Telle étant la doctrine de Bossuet, je suis plus hardi à vous citer un philosophe profane, Montaigne, qui a le mérite d'exprimer la même idée d'une manière fort juste en peu de mots : « Nous devons, dit-il, *sujestion et obéissance* également à tous roys, car elle regarde leur office ; mais l'estimation, non plus que *l'affection*, nous ne la devons qu'à leur vertu. »

» Eh! qui ne sait en effet que l'amour va au-delà des obligations? Le contribuable obéissant paye, et son devoir est rempli; c'est sur une pièce de monnaie que Jésus a dit : *Rendez à César ce qui est à César.* Le conscrit marche, quelquefois enveloppé de gendarmes. Mais le sujet qui aime va plus loin, il fait des dons; le vétéran reprend du service, le soldat à jambe de bois éprouve le regret de ne pouvoir marcher. (Mouvement dans l'auditoire.)

» C'est pour cela qu'on dit aux rois : Faites vous aimer. Idée très-morale, également utile aux peuples et aux rois. C'est à ceux-ci à se faire aimer, à choisir des ministres qui les fassent aimer; sans cela nul mérite pour eux, s'ils sont toujours réputés aimables, si toujours ils sont aimés bon gré malgré. D'un autre côté, nul mérite pour le peuple, s'il est tenu d'aimer absolument sans que cela dépende de son bien-être, de son contentement et du libre mouvement de son cœur.

» Je n'ai parlé ici qu'en *pure théorie* dégagée de toute application à la cause, car je reconnais au contraire, et je me plais à proclamer qu'entre les rois qu'on peut aimer pour eux-mêmes et pour leur grande bonté, Charles X est un des plus affables et des plus bienveillans. Mais j'ai voulu montrer en principe général, que lors même qu'il sortirait de l'article une négation d'amour, il n'y aurait pas criminalité.

» Il me reste à prouver en point de fait que l'article n'offre point le sens offensif que le ministère public a voulu en tirer.

» L'auteur s'écrie : « Ainsi le voilà encore une fois brisé ce lien » d'amour et de confiance qui unissait le peuple au Monarque. » Et l'on prend le mot *brisé* à la lettre, tandis qu'il est évident que, dans la pensée de l'écrivain, il n'est pas brisé réellement, et pour toujours; qu'il n'exprime pas une désaffection totale et sans retour : il ne dit pas que toute confiance soit détruite à jamais; ce serait trop de malheur, et personne n'en serait plus fâché que le rédacteur du *Journal des Débats*.

» Remarquez d'ailleurs qu'il dit : *brisé encore une fois*, prouve que réellement il n'était pas brisé la première. Essayez de briser deux fois un vase de cristal! Il en sera de celle-ci comme de celle-là ; on verra ce qu'on a déjà vu, des alternatives de bien et de mal, de joie et de tristesse, d'espoir et de découragement, des acclamations et du silence. Même entre amans, n'y a-t-il pas des brouilles suivies de raccommodement? (On rit.)

» Ce n'est pas une vaine théorie, à moins qu'on ne prétende ériger en principe qu'un peuple doit toujours être également content, également heureux, également en gaîté. Les faits sont là pour attester le contraire. Pendant les dernières années de la vie du feu Roi, il y avait, il faut le dire, peu d'enthousiasme; ses ministres abusaient du pouvoir contre la liberté. Charles X lui succède ; bien inspiré, il prononce ces mots heureux: *Plus de censure! Pas de hallebardes!* ce qui ne veut pas dire plus de force, mais point de violence envers des citoyens paisibles et désarmés : et tous les cœurs vont au-devant du Roi. N'est-il pas vrai que si les mêmes acclamations avaient eu lieu la veille, sans que rien les eût motivées, Charles X n'aurait pas eu le lendemain l'immense satisfaction de voir que lui seul en était l'objet?

» Mais, à quelque temps de là, on vit proposer la loi d'aînesse, une loi contre la presse, appelée, par dérision, loi d'amour, la censure, et bientôt après les fraudes électorales, les fusillades de la rue Saint-Denis et le licenciement de la garde nationale, conseillé par les ministres dans le seul intérêt de leur amour-propre blessé; car, personnellement, le Roi était content, il l'avait dit (il est bon qu'on le sache), en ordonnant d'exprimer sa satisfaction dans un ordre du jour. Il en résulta un vif mécontentement, une grande stagnation dans le commerce; le peuple devint morne et taciturne, et la présence de Charles X n'obtint plus les mêmes acclamations. Le silence des peuples est la leçon des Rois : c'est la plus douce des pétitions, et celle que les ministres aiment le moins se voir renvoyer. C'est alors aux Rois à comprendre, *et nunc Reges, intelligite*. Le Roi comprit en effet; le ministère changea; quelques injustices furent réparées; on fit de faibles économies, mais on porta deux bonnes lois sur la presse et contre les fraudes électorales; c'est ce que la nation voulait : la liberté fondée sur les lois. D'immenses actions de grâces en revinrent au prince. Il fit son voyage d'Alsace, et les bénédictions qu'il reçut de son peuple ne sauraient s'effacer de sa mémoire.

» Le *Journal des Débats* s'afflige des nouveaux changemens survenus dans les esprits; faut-il donc y voir une offense à la personne du Roi? Non, Messieurs, pas plus que la première fois. On nous objecte que M. Syrieys de Mairinhac a été rappelé à l'ordre pour avoir dit que le Roi avait beaucoup d'ennemis. Je ne discuterai pas, Messieurs, ce que la chambre a pu faire dans son omnipotence; je me bornerai à repousser l'analogie. En effet, l'auteur de notre article, bien loin d'avoir dit, comme on le suppose, que le Roi n'avait en France que des ennemis, a dit au contraire : *Aujourd'hui le Roi trouverait encore partout des sujets fidèles*. Puisqu'ils sont fidèles, voilà le devoir, il sera rempli. Mais le journaliste ajoute que ces sujets fidèles sont *partout affligés;* voilà la vérité; c'est un devoir de la dire, et surtout aux rois. Et pourquoi affligés? *D'une défiance imméritée*. Ainsi ce n'est pas la nation qui se défie du Prince, mais le journal se plaint de ce qu'on inspire au Roi contre son peuple des défiances imméritées. Imméritées! dans ce mot seul est la réponse à toute l'accusation. Si elles sont imméritées, c'est donc que le peuple n'est pas désaffectionné; car s'il était vrai qu'il eût réellement perdu toute affection pour son Roi, il mériterait qu'à son tour le prince fût en défiance contre lui; aussi l'auteur de l'article se demande : *Qu'avons-nous fait pour que notre Roi se sépare ainsi de nous?* et il trace un tableau de notre situation tout-à-fait rassurant. »

A ce tableau, Me Dupin joint celui présenté à la Chambre des pairs, dans la séance du 28 juillet, par M. de Martignac, par un ministre, dit-il, que son successeur seul ferait déjà regretter, quand même on ne le regretterait pas pour les qualités personnelles qui le distinguent, et pour ce rare talent qu'on aimera toujours à lui voir déployer dans la discussion des affaires du pays. On se rappelle aussi la parole d'un sage (M. Royer-Collard) qui, en apprenant le choix des nouveaux ministres, s'écria : « C'est impossible; il n'y a pas d'effet sans cause, la France n'a point mérité d'être traitée ainsi!). »

» L'interprétation donnée par l'accusation est d'autant moins admissible, que, si l'article dit que le lien est brisé, il dit aussi par qui s'est opérée la solution de continuité. « Voilà encore une fois la cour » avec ses vieilles rancunes, l'émigration avec ses préjugés, le sacer- » doce avec sa haine de la liberté, qui viennent se jeter entre la France » et son Roi. » Il n'est donc plus possible de dire avec l'accusation que c'est le Roi qui n'aime plus le peuple, ou que c'est le peuple qui n'aime plus le Roi. Ils s'aimaient l'un et l'autre; ils étaient unis par une chaîne à laquelle chacun tenait de son côté. Ce n'est pas le Roi, ce n'est pas le peuple qui ont lâché prise; mais voilà que, par un triple effort, ceux que l'écrivain vient de signaler se jettent entre deux, et rompent violemment un des anneaux de la chaîne pour en occuper la place.

» Ceci rappelle la querelle de ceux d'Israël avec ceux de Juda. Pourquoi, disaient-ils, nos frères de Juda nous ont-ils dérobé le Roi, et l'ont-ils ramené à sa maison comme si c'était à eux seuls; et ceux de Juda répondirent; « C'est que le Roi nous est plus proche qu'à vous, et » qu'il est de notre tribu. Et ceux d'Israël répondirent : Nous sommes » dix fois plus que vous, et nous avons plus de part que vous en la » personne du Roi. » Ainsi, dit Bossuet, chacun veut avoir le Roi, chacun passionné pour lui envie aux autres la gloire de le posséder; il en arriverait quelque sédition si le prince qui est, en effet, un bien public ne se donnait également à tous. (Sensation.)

» C'est précisément une lutte du même genre que signale l'article attaqué. Et qu'on ne dise pas que ce n'est qu'une précaution oratoire! L'assertion porte sa preuve avec elle.

» L'auteur s'en prend d'abord à *la cour avec ses vieilles rancunes*. A cela le ministère public répond qu'à présent il n'y a plus de cour; que sous un gouvernement constitutionnel il n y a que des ministres responsables. Oui, sans doute, en principe; mais en fait? Dites aux courtisans qu'il n'y a plus de cour! ils savent bien qu'il en existe une, comme autrefois, pour les faveurs, les sinécures, toujours revendiquant pour le prince le pouvoir absolu, c'est-à-dire, le pouvoir de tout donner aux favoris, sans contrôle, sans mesure, sans budget, sans spécialité. Richelieu ne fût-il pas obligé de désobstruer le trône pour gouverner paisiblement? Il fit voyager la reine-mère afin de mieux faire voir que le trône est un fauteuil où le Roi seul doit s'asseoir, et non une banquette où d'autres puissent venir se placer à côté de lui. (Mouvement dans l'auditoire.)

» *L'émigration avec ses préjugés!* expression fort douce, si le malheur n'a pas corrigé les émigrés; si, comme on l'a dit de quelques-uns d'entre eux, ils n'ont rien oublié, rien appris; s'ils veulent obstinément reconquérir une vieille position dont ils sont déchus sans retour, parce qu'en France on veut la liberté, et surtout l'égalité. Ils ne rêvent qu'aristocratie! On a une aristocratie par le fait, le jour où l'on s'aperçoit qu'il en existe une. C'est d'elle que l'on doit dire : *Prolem sine matre creatam.* On ne crée point une aristocratie par ordonnance! On peut bien dire : *Article premier* : Il y aura un Parlement; mais on ne peut pas dire : *Article deux* : Il y aura des Molé, des de Harlay, des Lavaquerie, des d'Aguesseau! (Nouveau mouvement.) Si Napoléon a pu créer des maréchaux et d'autres dignitaires, c'est que sous le titre qu'il leur conférait, sous leur habit brodé, sous l'uniforme des maréchaux de France et de ces ducs dont les dotations étaient assises dans des contrées éloignées, il y avait d'honorables blessures, des victoires et une grande renommée.

» Le sacerdoce avec sa haine de la liberté est la troisième classe de personnes signalées par notre article. Et d'abord, n'est-il pas évident qu'il est ennemi de la liberté de la presse, et surtout du droit de libre examen, c'est-à-dire des deux conditions vitales du gouvernement représentatif? N'est-il pas évident que l'église vise à la domination? N'existe-t-il pas un mouvement ultramontain bien marqué, qui fatigue même la partie saine du clergé gallican? Tout ce mouvement n'a-t-il pas, en dernier lieu, repris son cours à l'apparition de l'encyclique? Sept jours après le changement de ministère, n'a-t-on pas vu l'évêque de Nanci, pour se venger d'un arrêt auquel on ne pouvait reprocher que de n'être pas assez sévère, braver la Cour royale en lui faisant fermer les portes du temple lorsqu'elle s'y rendait pour une cérémonie à laquelle elle était invitée de par le Roi; la tenir dehors pendant la pluie, comme pour outrager les simarres, et n'ouvrir plus tard que pour faire à la cour une nouvelle bravade, pour passer devant elle, en arrondissant l'épaule en signe de dédain? (Mouvement marqué dans l'auditoire.)

« Ainsi voilà déjà l'antipathie du clergé qui se déclare contre la magistrature, et en général contre les gens de loi, car c'est votre cause et la nôtre aussi; il sait bien qu'il n'y a que cette toge pour lutter contre la soutane, cette toque pour tenir tête au bonnet carré, et les arrêts pour réprimer les mandemens. (Nouveau mouvement dans toute la salle.)

» Le journaliste continue : *Eh! quels conseils perfides ont pu égarer ainsi la sagesse de Charles X?* Ainsi, vous le voyez, la sagesse est du côté du Roi; les conseils seuls sont perfides; c'est sur eux seuls que pèse tout le reproche.

Eh! n'ont-ils pas des Rois égaré le plus sage?

dit Joad dans *Athalie*. Eh bien! la prose des *Débats* n'a fait que traduire ce vers si souvent répété devant Louis XIV, et bien autrement traduit par un magistrat, lorsqu'il imprimait *que la démence de Charles VI semblait être entrée dans les conseils de son successeur.*

» N'est-ce pas un langage d'affection que celui qui fait regretter de voir « qu'on jette le Roi dans une nouvelle » carrière de discorde, à cet âge où le repos autour de soi » est la première condition du bonheur! »

» Et dans cette exclamation : *Malheureux roi! Malheureuse France!* n'y a-t-il pas une solidarité touchante qui prouve que l'écrivain ne sépare pas la nation du monarque : leur sort ne peut-être séparé, l'écrivain les confond dans une même pensée. Certes, il se serait bien gardé de dire : Malheureuse cour! Malheureuse émigration! Malheureux sacerdoce! (On rit.)

»C'est ainsi que, répondant dernièrement à M. l'archevêque de Paris, qui lui disait que depuis deux mois dans son église, on priait pour le pape d'abord, ensuite pour le roi, S. M., sans relever cette interversion de noms, a répondu que prier pour le bonheur du roi, c'était prier pour le bonheur de la France

» Après avoir repoussé le chef le plus pénible, celui d'offense à la personne du Roi, j'arrive au second, celui d'attaque à son autorité constitutionnelle.

» En principe, il y aurait attaque si l'on niait au Roi le droit de choisir, nommer, changer ou renvoyer ses ministres. Mais autre chose est nier le pouvoir de faire, ou examiner l'exercice de ce droit sous l'influence de tel ou tel conseil.

» De tout temps, on a eu droit de dire que le Roi s'était trompé. En sa qualité d'homme, il est sujet à l'erreur,

Et la garde qui veille aux barrières du Louvre
N'en défend pas nos rois,

fût-elle aussi nombreuse que paraît l'avoir dit M. l'avocat du Roi, et même en révoquant tous les congés, comme on semble l'avoir fait.

» En sa qualité de Roi très chrétien, on lui dit comme à nous : *Memento homo, quia pulvis es*. La Macédonienne en appelait à Philippe à jeun; à plus forte raison peut-on en appeler au Roi mieux informé. *Si le Roi le savait!* s'écriaient nos pères : pour qu'il le sache, il faut donc le lui dire. En effet, écoutons Mentor, c'est-à-dire la sagesse même parlant à Télémaque : « Un Roi connait beaucoup moins que les particuliers les hommes qui l'environnent. On est toujours masqué auprès de lui. Connaissez donc, ô mon cher Télémaque, connaissez les hommes; examinez-les, *faites-les parler les uns sur les autres*. Lorsque vous régnerez, mettez toute votre gloire à renouveler l'âge d'or : écoutez tout le monde; croyez peu de gens, gardez-vous bien de vous croire trop vous-même, craignez de vous tromper; mais ne *craignez jamais de laisser voir aux autres que vous avez été trompé*. »

» La cour a divers moyens de se faire entendre, elle a ses momeries, ses bouderies, son deuil affecté; elle peut aborder le prince au lever, au coucher au passage; mais le public, le commerce, l'industrie n'ont pas si facilement accès; ils n'ont de ressource que dans la liberté de la presse avec l'espoir que le prince lira.

» La liberté de la presse fait partie de nos institutions, et elle est établie principalement pour porter au trône ses utiles avertissemens. Nos adversaires la renient quand ils sont au pouvoir; ils en usent avec fureur quand ils n'y sont pas; témoins leurs attaques contre M. Decazes, si violemment, si injustement accusé; sous M. de Villèle, on doit le dire, si patient à l'injure. Et sous le dernier ministère ne s'écriaient-ils pas que le Roi était circonvenu, que tout était perdu, que le fluide monarchique s'écoulait en concessions! (On rit). Le procès de la *Gazette* est là pour l'attester! Sans doute elle fut bien défendue, elle le fut par les journaux même qui n'étaient pas de son opinion, et qui, en cela, firent preuve de générosité, tandis que, dans le procès actuel, elle a publié plusieurs articles contre le *Journal des Débats*, pour suggérer des moyens de condamnation. Elle fut surtout défendue avec un rare talent par Me Hennequin, qui accrut ainsi sa mise en communauté dans la gloire du barreau, où il a déjà une si grande part. Mais enfin, si elle fut acquittée, c'est sans doute parce qu'on reconnut qu'elle n'avait fait qu'user de son droit en attaquant des ministres qu'elle soutenait n'être pas les ministres du Roi, mais ceux de l'opinion.

» Telle est la condition du gouvernement représentatif; il en résulte qu'il y a toujours une opposition, utile pour le prince qui se trouve sans cesse averti, utile au pays pour lequel c'est un *qui vive* perpétuel. En effet, il y a deux tendances bien marquées entre le pouvoir qui veut se défendre ou s'accroître et la liberté qui veut grandir ou ne pas déchoir. A ce propos, la *Gazette* invoque elle-même l'exemple de l'Angleterre qu'il est de mode d'alléguer aujourd'hui. Là se trouve ce qu'on appelle le parti de l'église et du Roi, et l'opposition, que la *Gazette* appelle honnêtement les révolutionnaires. Ils arrivent alternativement au ministère; mais, suivant la *Gazette*, en Angleterre on dit : « Dix » ans d'un ministère tory pour un an d'un ministère libéral. » Elle ajoute : « Ce proverbe constitutionnel sera bientôt expliqué par l'expérience. » Dix ans, grands dieux ! si cela pouvait être vrai, à l'entrée d'un si long bail combien n'importerait-il pas de discuter les titres des fermiers chargés de l'exploiter? En Angleterre, puisqu'on veut nous y transporter, ce que j'aime mieux que de la voir s'introduire en France (on rit), cela se fait de part et d'autre. Ainsi, à son avènement au pouvoir, M. Canning s'est vu attaqué par les torys, et plus tard lord Wellington l'a été par les wigshs; aucun de ces ministres n'a débuté par des procès pour forcer l'admiration à leur profit, et placer Sa Grâce sous l'autorité de la chose jugée. Là, au contraire, rien de plus fréquent que les expositions de doctrines : on sait pourquoi tel homme d'Etat arrive aux affaires, et pourquoi tel se retire, tandis que les nôtres se renferment dans un silence dédaigneux, et pour avoir de leurs nouvelles, il faut lire les journaux anglais.

» Je n'admets pas, avec le ministère public, que, par cela seul qu'un homme est choisi par le Roi, il y a en sa faveur une présomption de probité, de capacité et de vertu; l'estime n'est accordée que par le public; le Roi ne pourrait pas donner le droit de bourgeoisie à un mot; à plus forte raison il ne pourrait procurer l'estime publique à celui qui d'avance ne l'aurait pas méritée.

» On a toujours procédé ainsi; on ne fait pas autrement de nos jours. Dès qu'un fonctionnaire est nommé, le premier soin du public est de discuter le mérite du choix. Il arrive presque toujours que celui qui est approuvé par un parti est désapprouvé par l'autre. Bien peu obtiennent un assentiment général comme M. Henrion de Pansey, le seul peut-être parmi les modernes qu'on puisse placer à côté des plus grands magistrats des temps anciens, ou M. Tripier, qu'une approbation générale vit entrer à la Cour royale avec une expérience acquise par quarante années d'utiles travaux.

» La chambre une fois élue éprouva, comme corps, la même critique que les individus; et je vois ici Me Barthe qui, en me rappelant son éloquent plaidoyer, me fait souvenir qu'il vaut quelquefois mieux pour une chambre subir l'exercice de ce droit que s'en plaindre.

» Quant aux pairs, le roi les nomme, comme ses ministres : la Charte lui permet de les choisir en nombre illimité. Et cependant à chaque promotion un peu trop forte, avec quelle insistance n'a-t-on pas réclamé? Les uns contre la promotion faite sous M. Decazes, les autres contre les 76 de M. de Villèle; le droit de critique ici a donc reçu une double sanction.

» Mais, dit-on, il fallait attendre les actes des ministres! C'est-à-dire peut-être attendre que le mal fût consommé. La politique ne vit que de prévoyance. Eh! si par hasard il s'agissait de trahison, il serait donc défendu de la prévenir, en criant : *Gare à vous, Sire, gare à vous!* Il faudrait attendre que le cheval eût emporté le cavalier....

» A l'apparition des nouveaux ministres il y a eu un *qui vive général* d'un bout de la France à l'autre. On savait quels journaux les avaient appelés de leurs vœux, et dans quel but hostile contre la révolution, c'est-à-dire contre nos institutions; à leur avènement, on a vu tous ces mêmes journaux se réjouir, toutes les abeilles de la ruche bourdonnaient; leurs vœux allaient s'accomplir!

» La joie des uns a fait le deuil des autres ; elle leur

a servi d'avertissement. C'est la contre-révolution, quel bonheur ! a dit *la Gazette ;* c'est la contre-révolution, quel malheur ! ont dit les autres. Avis différent, mais droit égal.

» La qualité des personnes est venue confirmer ces pressentimens. Sans doute il ne s'agit pas d'injures ; elles nuisent au lieu de servir; mais des faits patens, avérés ont suffi pour fixer à l'instant l'opinion. Ce ne sont pas des faits de la vie privée : qu'elle reste à jamais mûrée, comme l'a dit un sage orateur ; mais il s'agit d'actes de la vie publique, d'actes politiques et officiels dont la loi du 26 mai permet la libre manifestation, et même autorise la preuve. On reproche au premier d'avoir différé d'un an le serment à la Charte, ce qui montre au moins quelque répugnance à s'y soumettre ; au second, d'avoir quitté les rangs français pour rejoindre les rangs anglais, à la face, pour ainsi dire, de toute l'Europe alors sous les armes; enfin au troisième, M. de la Bourdonnaye, on reproche son trop fameux discours sur les catégories. Que penser, en effet, des dispositions personnelles d'un homme qui s'est plu à tracer les lignes suivantes, et qui n'a pas craint de les lire du haut de la tribune française :

« Le moment de la justice est venu, s'écrie-t-il; ses effets doivent » être prompts et terribles, pour qu'il reste de ces grands exemples » une frayeur salutaire. Eh ! pourquoi craindriez-vous de frapper, » quand vous voyez les résultats de cette révolution si vantée, l'ouvrage de ces pères du peuple arrivés en sabots au maniement des affaires publiques ? Pour arrêter leurs trames criminelles, IL FAUT DES » FERS, DES BOURREAUX, DES SUPPLICES ; LA MORT, LA MORT seule » peut effrayer leurs complices et mettre fin à leurs complots. Sachez » répandre quelques gouttes de sang ! » (*Mouvement d'horreur dans l'auditoire.*)

» Quelques gouttes de sang, Messieurs ! s'écrie Me Dupin aîné avec l'accent d'une énergique émotion, et on a calculé que cette loi, dont M. de La Bourdonnaye présentait *le canevas*, aurait coûté la vie à plus de cent mille individus, s'il avait été (ce sont ses expressions) *assez heureux* pour la faire adopter ! (Nouveau mouvement dans l'auditoire.)

» Voilà le discours avec lequel il se présente, et qu'il tient sans doute à la main en forme de caducée ! Il propose la mort, et la mort deux fois, comme si deux fois on pouvait la subir. Je ne répéterai pas cette épouvantable phrase, que je pourrais relire devant vous, mais que je n'ai pu encore loger dans ma mémoire. Et vous voulez que cela ne soit pas un sujet d'alarme ! Vous le nieriez, le fait existe, l'inquiétude est réelle ; elle n'a rien de vague, elle sait à quoi se prendre; elle n'est pas l'œuvre d'un journaliste, c'est le cri de la France !

» Cette alarme est si naturelle, que je la trouve exprimée, dès l'année 1820, dans un livre imprimé à l'étranger, *la Biographie des Contemporains*, ouvrage sans partialité, puisqu'on y dit que M. de La Bourdonnaye a servi avec honneur dans les guerres de la Vendée; mais on le juge moins favorablement dans sa carrière législative. Après avoir parlé du discours sur les catégories, l'auteur s'exprime en ces termes :

« M. de La Bourdonnaye, qu'il faut considérer comme l'un des » membres les plus exagérés d'entre les exagérés de la majorité de la » chambre de 1815, est cependant un des hommes dont nous pensons » qu'il serait plus aisé de justifier les intentions que les actes, quelque per- » suadés que nous soyons d'ailleurs que les plus honorables intentions, » dans un parti qui ne serait pas le sien, ne trouveraient point grâce au- » près de lui; c'est dans cette opinion que, même en confirmant ce qu'on » pourrait trouver de trop bienveillant dans le jugement que nous portons » sur cet homme, beaucoup plus propre à être chef de parti qu'à siéger » sur les bancs d'une assemblée nationale, nous donnerions, sans hé- » siter, à tous les amis de la liberté, indigènes ou étrangers résidant en » France, un conseil que nous les inviterions à suivre sans délai, dans le » cas où, par une de ces vicissitudes dont vingt-neuf années des évé- » nemens les plus extraordinaires ont rendu le retour possible en » France, M. de La Bourdonnaye et ses amis seraient appelés au mi- » nistère : *vendre leurs biens et préserver leurs personnes des caté- » gories.* » (Très vive sensation dans l'auditoire.)

» Or, si les étrangers ont tiré cet horoscope de l'arrivée de M. de Labourdonnaye au ministère, comment pourrions-nous, nous que cela touche de plus près, n'en être pas effrayés? Les prédestinés de la peine de mort ou de l'exil se montreraient rassurés, que leurs femmes, leurs enfans, leurs amis ne le seraient pas. Voilà, Messieurs, n'en doutez pas, voilà la principale cause de l'émoi général qui s'est manifesté a l'apparition inattendue du nouveau ministère.

» M. l'avocat du Roi dit que les hommes une fois arrivés au pouvoir changent quelquefois de manière de voir. J'en accepte l'augure. Ah! il serait aussi par trop heureux, en saisissant le pouvoir, d'en prendre occasion de faire assez de bien pour obtenir l'oubli d'aussi funestes antécédens et d'un aussi infâme discours! (Marques d'une très vive sensation dans l'auditoire.)

» Mais comment oser l'espérer, quand M. de Sallabéry, homme du même parti, nous a fait cette profession de foi : « Que l'on me dise qu'une montagne a changé de » place, je le croirai; mais si l'on me dit qu'un homme a » changé d'opinion, je ne le croirai jamais... »

» Comment se rassurer quand on voit M. de Rigny refuser d'entrer dans cette administration, M. de Rigny qui s'est illustré par le combat de Navarin, a été effrayé d'accepter le ministère avec de pareils collègues; il a voulu garder pure toute sa gloire : il l'aurait crue apparemment compromise en siégeant à côté de l'homme de Waterloo et de l'homme des catégories. (Sensation.) M. de Rigny, par son refus, a frappé du sceau de la réprobation cette administration naissante; il a préféré courir le danger de se voir destituer de tous les grades et honneurs acquis par la victoire et le plus beau dévoûment.

» Peut-on être rassuré davantage quand on voit la retraite de M. Debelleyme? Ah! si ce magistrat avait pensé qu'il pût, sans danger pour sa renommée, continuer des fonctions dans lesquelles il s'était déjà fait tant d'honneur, pensez-vous qu'il eût refusé ses services? Il craignait donc d'exercer les mêmes fonctions sous l'administration nouvelle; il craignait qu'on n'exigeât de lui au-delà de ses devoirs. Il a quitté la police pour se réfugier dans le sein de la justice. Combien nous nous estimons heureux de le voir maintenant placé à votre tête!

» Eh! que dirons-nous de la retraite de ces honorables conseillers d'état, non seulement de ceux qui appartenaient au centre gauche, mais même de ceux qui siègent au centre droit, de ceux que le ministère espérait de rattacher à lui, en leur faisant offrir par la *Gazette* une *amnistie* qu'ils ont noblement dédaignée! Cessons donc encore une fois de nous étonner de l'espèce d'épouvante qui s'est manifestée à l'aspect de cet événement.

» Chaque peuple a certains dangers qu'il sait menacer plus directement son existence. Les Romains s'armaient tous à l'annonce des Gaulois; les prêtres mêmes devaient marcher; à peine s'il en restait pour garder les vestales. (On rit.) Tels sont les Hollandais : quand la mer pénètre sur leur territoire, tous courent à la digue. Telle serait la France nouvelle à l'aspect de la contre-révolution révélée par ses plus ardens promoteurs. »

Me Dupin résume en peu de mots sa plaidoirie, et termine ainsi :

» Espérons, Messieurs, que nous ne verrons pas ces malheurs. On a raillé *l'ordre légal;* une faction a insulté à ces mots, parce qu'elle ne voulait point de la chose; mais vous penserez autrement, vous qui n'existez que par l'ordre légal et pour l'ordre légal.

» On ne peut le nier : beaucoup d'irritation s'est tout à coup manifestée dans les esprits; les journaux ont été l'expression, hélas! trop fidèle, d'un mécontentement vivement éprouvé. Tous les bons citoyens doivent concourir à le calmer; mais je vous le demande, est-ce bien par des procès politiques qu'on y parviendra?

» La presse suit les mouvemens de l'opinion; elle s'irrite et s'apaise avec elle; voilà pourquoi de bons esprits ont pensé qu'elle devait être jugée par le jury, c'est-à-dire par le pays. Confiée aux Tribunaux, la répression des délits de la presse doit être exercée par eux dans le même esprit. Eh bien! vous dirai-je, vous qui vivez au milieu de vos concitoyens, vous, membres de cette grande cité, interrogez vos propres impressions, celles que vous avez reçues et recueillies; demandez-vous si le *Journal des Débats* a fait autre chose que *fidèlement exprimer l'opinion du jour*, et dès lors bien loin de vouloir vous associer par un premier acte de rigueur non méritée à une suite de réactions dont vous auriez à regretter plus tard d'avoir été les premiers instrumens, vous vous applaudirez d'avoir fermé l'abîme. Messieurs, maintenons la paix publique, faisons tous ensemble des vœux pour que les hommes qui ont excité de si funestes ombrages, ne réalisent jamais le noir pressentiment que leur apparition a fait naître au milieu du peuple français.

» L'auteur de l'article l'a dit, et il faut le répéter jusqu'à satiété, malgré les nuages qui se sont élevés, le Roi trouvera toujours et partout des sujets fidèles. Le Roi a pu nous donner à son insu et contre sa volonté de mauvais ministres, nous en donnerait-il de plus mauvais encore, s'il est possible, qu'ils commandent au nom des lois, et ils seront obéis; toutes les dispositions légales seront pleinement exécutées; mais si l'obéissance et la fidélité sont dues, ainsi que je l'ai dit en commençant, la confiance ne se commande pas, et l'on ne peut être coupable pour avoir manifesté des inquiétudes. Ces inquiétudes, au surplus, seront vaines; la liberté de la presse, assurée par des lois protectrices, ne saurait nous être ravie; la Charte est impérissable. Le Roi a reçu nos sermens et nous avons les siens, et comme le disait le parlement dans ses remontrances sur un édit de 1561 : *C'est réciprocation!* »

L'honorable avocat s'assied au milieu d'un murmure général d'approbation dans l'auditoire.

M. l'avocat du Roi insiste, dans un courte réplique, sur les principes qu'il a développés. Il ajoute qu'il n'appartient pas au ministère public de suivre la défense dans ses digressions ni dans les reproches adressés aux personnes. Toutefois, il fait observer que, si l'un des ministres (M. de Polignac), comme on l'a fait remarquer, a refusé, pendant un an, de prêter serment à la Charte, il ne doit en inspirer que plus de confiance; car c'est la preuve de l'importance qu'il attache au serment et une garantie de sa fidélité à le tenir.

Relativement au second (M. de La Bourdonnaye), M. Levavasseur rappelle qu'il a été loué naguère par le *Journal des Débats* lui-même. Quant au troisième (M. de Bourmont), M. l'avocat du Roi n'en dit rien.

Me Dupin réplique aussitôt en peu de mots. «Je n'ai pas dessein, dit l'avocat, d'insister beaucoup en ce moment sur les personnes; il me suffit d'avoir justifié mon client des deux délits qui lui étaient reprochés.

» Je remarquerai seulement, sur M. de Polignac, qu'en différant d'une année de prêter le serment à la Charte, que chacun prêtait à l'instant, il a montré peu de goût pour elle. On peut supposer qu'il n'y est revenu à la fin que parce qu'il n'y avait pas d'autre moyen d'entrer dans une carrière politique. Au surplus, j'accepte à cet égard toutes les promesses qu'on voudra bien faire en son nom.

» Le *Journal des Débats* a pu faire l'éloge de la capacité de M. de La Bourdonnaye, mais il ne s'agit point ici de capacité; il s'agit de bien autre chose. Le discours récemment imprimé était alors ignoré peut-être de l'auteur de la recommandation. D'ailleurs cette opinion isolée, ouvrage d'un seul rédacteur et à une époque fort éloignée de celle où nous nous trouvons, ne prouve rien contre l'opinion qu'a dû concevoir la France mieux informée en 1829.

» Enfin, quant au troisième ministre, je me félicite de ce qu'en gardant le silence sur son compte, M. l'avocat du Roi m'ait épargné à moi-même la peine d'y revenir. » (On rit.)

Après une heure et demie de délibération dans la chambre du conseil, le Tribunal rentre en séance et prononce le jugement dont voici le texte :

Attendu que la nomination des ministres est un droit inhérent à la royauté et un acte de l'autorité constitutionnelle du Roi ;

Attendu que la personne du Roi est inviolable et sacrée ; que cette inviolabilité n'est pas seulement une inviolabilité de fait, mais encore une inviolabilité morale dont l'effet est de garantir la personne du Roi de tout ce qui pourrait affaiblir dans l'esprit des peuples le respect qui lui est dû, et ébranler la stabilité du trône ;

Attendu qu'à l'occasion de l'exercice du droit qu'a le Roi de choisir ses ministres, Bertin a publié, dans le *Journal des Débats* du 10 août dernier, un article commençant par ces mots : *Le voilà donc encore une fois brisé*, etc., et finissant par ceux-ci : *Malheureuse France ! malheureux Roi !*

Que, dans cet article, il déclare que, par le choix du nouveau ministère, le Roi s'est séparé de son peuple, que ce lien d'amour et de confiance qui unissait le peuple au monarque est encore une fois brisé ; ce qui constitue les délits d'offense envers le Roi et d'attaque contre la dignité royale, prévus par les art. 9 de la loi du 17 mai 1819 et 2 de la loi du 25 mars 1822 ;

Attendu que si Béquet s'est d'abord reconnu l'auteur dudit article, et que s'il a consenti à sa publication, il résulte des explications données à l'audience par Bertin et Béquet, qu'avant l'insertion dudit article dans le *Journal des Débats*, Bertin y a fait des changemens, que Bertin se l'est ainsi approprié, que dès lors Béquet ne peut plus être considéré comme complice du délit résultant de la publication de cet article ;

Le Tribunal renvoie Béquet des fins de la plainte, et condamne Bertin à six mois d'emprisonnement, à 500 fr. d'amende et aux dépens.

Imprimerie de PIHAN-DELAFOREST (MORINVAL), rue des Bons-Enfans, n° 34.

www.ingramcontent.com/pod-product-compliance
Lightning Source LLC
LaVergne TN
LVHW010310230826
846091LV00007B/3083
* 9 7 8 2 0 1 2 3 9 5 5 9 6 *